27 n
221.82

ACADÉMIE DE RENNES.

RENTRÉE DES FACULTÉS.

Séance solennelle du 21 Novembre 1861.

ÉLOGE DU PROFESSEUR DUROCHER,

Par M. MALAGUTI,

Doyen de la Faculté des Sciences.

Dans l'espace de huit mois, l'enseignement des sciences naturelles de notre Faculté a été deux fois cruellement frappé. Les deux professeurs qui en étaient chargés, et qui remplissaient avec tant d'autorité leur mission, ne sont plus.

Je vous ai dit, l'an dernier, les glorieux titres de l'un d'eux au souvenir de la postérité : je remplirai aujourd'hui le même devoir pour l'autre. J'y suis convié par l'estime du collègue, par l'affection de l'ami.

Né en 1817, Joseph Durocher fut admis à l'âge de dix ans au Lycée de Rennes, sa ville natale. Après huit ans de brillantes études, il le quitta, en y laissant le souvenir d'un élève qui s'était fait punir pour avoir trop travaillé (1). Il entra aussitôt à l'école polytechnique, en

---

(1) Un jour, le jeune Durocher refusa d'aller à une promenade réglementaire, pour travailler à des mathématiques que ses classes ne pouvaient pas encore lui montrer.

sortit des premiers en 1837; deux ans plus tard, il quitta l'école des mines, et fut attaché à la commission scientifique du Nord, dirigée par M. Gaymard.

C'est ainsi que notre jeune ingénieur visite d'abord les îles Féroë, puis le Spitzberg, aborde sur les côtes septentrionales de la Laponie, en traverse le plateau et toute la Finlande, pour se rendre à Saint-Pétersbourg et revenir en France, vers la moitié de 1840, après avoir fait un long circuit dans l'intérieur de la Russie et de la Pologne, puis dans le nord de l'Allemagne et en Danemark.

Deux mois après son retour, il présenta à l'Académie des sciences un mémoire *sur le phénomène diluvien dans le nord de l'Europe*, mémoire sur lequel M. Elie de Beaumont, un des académiciens les plus autorisés pour le juger, fit un rapport très-favorable.

Comme ce travail plaça Durocher, âgé alors de 23 ans, parmi les géologues français, qu'il me soit permis d'en dire brièvement l'importance.

Depuis longtemps, on a observé que la surface des rochers du nord de l'Europe (Suède, Finlande, Russie, Laponie) est usée, polie et sillonnée suivant une direction déterminée, et que leurs aspérités latérales sont émoussées, arrondies de façon à communiquer au rocher même une forme telle que, par une coupe horizontale, il représenterait une ellipse dont le grand axe serait parallèle à la direction des sillons.

On a encore observé que parfois, au pied de ces mêmes rochers, et parallèlement aux sillons, commencent de longues chaussées de débris de transport qui se perdent dans des vallées ou dans de vastes plaines formées à leur tour de débris, tels que sables, cailloux roulés, blocs de natures diverses, le tout étranger souvent au sol sur lequel il repose; et puis, ces blocs, venus de loin, deviennent de moins en moins nombreux à mesure qu'ils s'éloignent du nord, et finissent par disparaître de ce terrain de transport, qui, lui-même, après avoir couvert une immense étendue, vient s'éteindre vers nos latitudes.

Cet ensemble de faits géologiques peut se décomposer en trois groupes distincts :

1° L'érosion des rochers ;

2° La production de volumineux déblais ;

3° Leur dissémination sur une surface immense.

Considérés comme solidaires par tous les géologues, nul n'a songé à les séparer en voulant les expliquer. On leur a attribué une origine commune, d'énormes et impétueux courants partis des hautes latitudes :

de là le nom de *diluvium du Nord*, *ou de phénomène erratique*, pour caractériser la dislocation, le bouleversement du sol sous l'impulsion du cataclysme.

Mais tel n'est pas l'avis de notre jeune voyageur. Il ne méconnaît pas la liaison qui existe entre les différentes parties de cet ensemble, mais il y signale deux séries de faits distincts qu'il explique chacune à part. D'un côté sont les sillons et les stries tracés sur les rochers solides de la Finlande et de la Scandinavie, ainsi que les amas de matières de transport, en forme de longues chaussées; de l'autre, est le vaste dépôt qui renferme et qui supporte les blocs erratiques, tant dans les parties basses de la Finlande et de la Suède, que dans les vastes plaines de l'Europe centrale.

A la première série, qui, dans l'ordre des âges, a précédé la seconde, il reconnaît pour cause de furieux courants, dont il recule toutefois le point de départ plus loin que ses devanciers n'ont fait. Il explique la seconde série, la formation du vaste dépôt de transport avec ses blocs erratiques, en invoquant, comme exemple, ce qui se passe sous nos yeux.

Lorsque la ceinture de glaces qui s'est formée, pendant l'hiver, autour des côtes de la Baltique, vient à se rompre au printemps, ne voit-on pas des glaçons charrier à de grandes distances des blocs de rochers d'un fort volume ? Eh bien ! pour passer de ce phénomène contemporain à l'explication du terrain erratique, il suffit de se figurer les rivages actuels de la Baltique couverts par la nappe d'eau marine où s'est formé le dépôt stratifié, et d'imaginer que le même phénomène s'y opère sur une plus grande échelle.

Cette hypothèse suppose, il est vrai, que l'Europe centrale était, en ce temps-là, plus froide qu'elle ne l'est aujourd'hui, ce qui ne s'accorde pas avec l'idée que notre globe est allé en se refroidissant ; mais la température d'une contrée dépend de la disposition des lignes isothermes : or, sait-on comment elles étaient disposées ces lignes, pendant la période où s'est formé le terrain erratique ? Ne voit-on pas au Canada des blocs de rochers transportés par les glaces sous les mêmes latitudes que celles de l'Europe centrale ?

Ces vues nouvelles fixèrent l'attention des géologues, et malgré les critiques qu'elles suscitèrent, la science n'en a pas moins gardé le souvenir.

Tel fut le début du jeune ingénieur dans le monde savant.

La tournure de son esprit et ses tendances une fois connues, on ne tarda pas à le rappeler des mines de Vic-de-Sos, dans l'Ariége, pour l'envoyer à Rennes professer la géologie à la nouvelle Faculté des sciences, et surveiller, comme ingénieur ordinaire, les mines de la Bretagne (1).

Cette situation convenait à ses goûts. Les devoirs de l'ingénieur l'obligeaient à de fréquentes excursions très-favorables à son exubérante santé; le haut enseignement l'entraînait à des travaux spéculatifs assez d'accord avec les habitudes scientifiques des géologues; enfin, la coordination de nombreux matériaux, accumulés dans ses voyages, devait remplir tous les loisirs que lui laissait sa prodigieuse activité.

Nous le suivrons désormais dans ces voies diverses.

Voyageur-géologue, nous signalerons ses principales étapes.

Professeur, nous dirons ses idées originales, mais toujours prudentes et mesurées.

Ingénieur, nous citerons ses importants travaux, qu'une mort prématurée ne devait pas lui permettre de terminer.

Les publications de Durocher, se rattachant à ses voyages, ont rempli une grande partie de sa vie. Nous le voyons, les premières années de son séjour à Rennes, consacrer le temps que lui laissaient ses fonctions d'ingénieur et de professeur, à préparer son contingent pour l'ouvrage intitulé : « *Voyages de la commission scientifique du Nord.* » En font déjà partie : le mémoire dont nous avons parlé; *des observations sur la géologie et la minéralogie des îles Féroë, de la Scandinavie, de la Finlande et du Spitzberg* (2); un travail considérable sur *la limite des neiges perpétuelles, sur les glaciers du Spitzberg comparés à ceux des Alpes, sur les phénomènes diluviens et les théories où on les suppose produits par des glaciers* (3).

C'est dans ce dernier travail qu'il combat victorieusement les géologues qui ont donné pour cause au phénomène d'érosion le mouvement de translation des glaciers. La comparaison et la discussion des faits que Durocher avait observés lui-même ont tellement ébranlé cette théorie, qu'elle est aujourd'hui universellement abandonnée.

Cependant, à mesure qu'il dépouillait ses notes ou que son érudition s'élargissait, il se demandait, en doutant, si ce qu'il avait vu suffisait à expliquer des phénomènes qui s'étaient accomplis sur la plus grande partie de la surface de l'hémisphère boréal.

(1) Nommé ingénieur ordinaire de deuxième classe en 1840 et professeur adjoint à la Faculté des sciences en décembre 1841.
(2) Un volume in-8° avec atlas.
(3) Un volume in-8° avec une planche.

Ce doute l'inquiétait : aussi saisit-il avec empressement l'occasion que lui offrit le Gouvernement de faire un second voyage au Nord, mais seul et libre de se diriger où il voulait.

C'est ainsi qu'en 1845 il explora les parties méridionales et centrales de la Suède et de la Norwège, et qu'après moins d'un an d'absence, il rentra à Rennes assez riche de nouveaux faits pour rectifier ses anciennes appréciations et pour donner ample satisfaction aux exigences de son esprit investigateur.

En effet, l'allure générale des sulcatures observées par lui en 1839 était sujette seulement à de légères variations que pouvaient expliquer les accidents orographiques de ces contrées; de là l'idée d'un système sulcateur unique. Mais dans son second voyage, il reconnaît que le phénomène des érosions est plus complexe qu'il ne l'avait cru d'abord; car, sur les plateaux mamelonnés situés à la séparation de la Norwège et de la Suède, les sillons, les stries, en un mot, les sulcatures se croisent sous des angles qui, parfois, se rapprochent de 90 degrés, ce qui ne peut se comprendre qu'en admettant plusieurs systèmes d'agents sulcateurs fort divergents. (1)

Mais comment se rendre compte de ces actions si violentes et si diverses ? Tant que le phénomène du lissage et des érosions se manifestait sous des formes très-simples, la supposition de courants d'une grande puissance pouvait l'expliquer ; mais il n'en est plus ainsi dès que le phénomène se complique d'une manière si inattendue. Dans ce cas, il faudrait admettre plusieurs émersions brusques de la Scandinavie que les eaux auraient successivement submergée.

Durocher avait un jugement trop sûr pour ne pas comprendre que la part faite aux hypothèses, dans cette question délicate, était trop grande, et que, pour la résoudre, il fallait attendre que les effets erratiques eussent été complètement étudiés sur toute la surface du nord de l'Europe et de l'Amérique.

En empruntant à Pline une éloquente expression, nous dirons donc que la cause du phénomène erratique est encore *enveloppée dans la majesté de la nature.*

Par une filiation d'idées très-naturelle, un des travaux qu'il se hâte

---

(1) Voir la carte de ces grands systèmes d'érosion, feuilles 3 et 4 du bulletin de la Société géologique, 2ᵉ série.

de publier, après son voyage de 1845, est celui *sur les glaciers du nord et du centre de l'Europe* (1).

Les glaciers avaient joué un si grand rôle dans les explications du phénomène erratique proposées par les contradicteurs de sa théorie, qu'il devait être pressé de dire tout ce qu'il avait appris sur eux. — Ce travail est vraiment magistral, Messieurs, et quand on l'a lu attentivement, on se demande s'il peut encore rester beaucoup à dire sur ce sujet, après une étude si approfondie. Rien n'y est oublié, en effet : situation, orographie et étendue, formation et accroissement, mouvement, oscillations, couleur, fonte partielle, enfin, comparaison de leurs effets avec les effets des agents erratiques.

Il insiste sur ce dernier point, et avec raison ; car il a grand intérêt à montrer à ses adversaires combien sont difficiles la formation et le développement des glaciers dans le nord de l'Europe, et combien il est encore plus difficile de comprendre qu'une fois formées et mises en mouvement par l'effet de la pesanteur, ces grandes masses de glace aient pu parcourir des étendues de 40 à 50 myriamètres sur des surfaces horizontales, et offrant même, en certaines parties, des rampes à gravir. Par conséquent, les érosions des rochers du Nord ne doivent plus être imputées au frottement dû à la translation des glaciers.

Quand on a pénétré à fond dans un sujet, on a de la peine à en sortir, tant qu'on voit quelque chose qui s'y rattache. Aussi trouvera-t-on très-simple que Durocher, après avoir parlé des glaciers, parle des neiges perpétuelles.

Ayant fait, à son second voyage, l'ascension du *Sneehattan*, la plus élevée des montagnes scandinaves, il put ajouter de nouveaux faits à ses précédentes observations sur les limites des neiges perpétuelles, et montrer que la loi suivant laquelle varie leur altitude normale dans notre hémisphère, est représentée par une progression arithmétique, dont la raison n'est pas la même sous toutes les zones, mais reste à peu près constante sur une étendue de 50 degrés dans les latitudes intermédiaires (2).

Après avoir parlé de ce qui lui tenait le plus à cœur, il publia la partie fondamentale de son voyage, sous le titre d'*Études sur la structure oro-*

---

(1) Annales des mines, 4ᵉ série, t. 12.
(2) Voyage en Scandinavie, Annales de chimie et de physique, t. 19, 3ᵉ série.

graphique et la constitution géologique de la Norwége, de la Suède et de la Finlande (1).

Comme complément de ce grand travail, il fit paraître des *observations sur les gîtes métallifères de la Norwége, de la Suède et de la Finlande* (2), dont je ne pourrais donner une analyse, si grand est le nombre des faits qu'on y trouve et des savantes discussions qu'ils soulèvent. Je dirai seulement que, d'après ce mémoire, les gîtes métallifères de la Scandinavie doivent être comptés parmi les plus anciens de ceux qui ont été observés jusqu'à ce jour dans l'épiderme de l'écorce terrestre, et qu'ils sont antérieurs aux dépôts sédimentaires où l'on a rencontré les formes végétales et animales de la plus haute antiquité.

Cependant, les publications de la commission scientifique du Nord se succédaient sans de longues interruptions, et les parties rédigées par Durocher, postérieurement à 1845, devaient se ressentir de son dernier voyage.

En effet, nous voyons paraître, après 1850, dans la division de géologie de ce recueil, la seconde partie des *observations géologiques sur la Scandinavie et le Spitzberg.* Elles résument, pour ainsi dire, les deux voyages de 1839 et de 1845 ; elles montrent combien était fondée la confiance que le Gouvernement avait accordée au jeune ingénieur sortant de l'Ecole des mines.

Enfin, la mission à laquelle il devait sa réputation de géologue se termina par l'impression de deux grands mémoires intitulés : *Notes sur l'exploitation des mines et des usines dans le Nord de l'Europe* (3).

Ces deux publications représentent la partie technique de ses voyages dans le Nord. C'est bien l'ingénieur des mines, c'est bien le métallurgiste qui les a écrites avec la simplicité du langage et l'exactitude des détails que réclame un pareil sujet.

Tant de travaux ne satisfaisaient pas encore la noble ambition du savant et la dévorante activité du voyageur. « Je connais un peu l'Europe, » me disait-il souvent ; je ne connaîtrai donc jamais l'Amérique ? »

Aussi ne pourrais-je vous dire, Messieurs, le bonheur qu'il ressentit

---

(1) Un volume in-4° avec une carte géologique en deux feuilles. Mémoires de la Société géologique de France, 2e série, t. 6.

(2) Annales des mines, 4e série, t. 15.

(3) Tomes 8 et 9, Annales des mines, 5e série.

lorsque son voyage au Nicaragua (qui, hélas ! devait être son dernier) fut définitivement décidé.

L'objet en était de rectifier et de compléter d'anciens projets de communication entre l'Atlantique et le Pacifique, par une voie accessible aux flottes commerciales.

Les navires, partant d'Europe, devaient atteindre la baie de Salinas par un canal creusé dans le bassin de la Sapoa, après avoir traversé le lac Nicaragua, dans lequel ils auraient pénétré par le fleuve San-Juan. Ce projet, si séduisant par sa simplicité, était néanmoins hérissé d'obstacles, dont les plus graves et les moins soupçonnés se rencontraient dans la navigation sur ce fleuve. En signalant ces obstacles, en rectifiant en même temps les anciennes évaluations relatives au percement de la Sapoa, Durocher a évité de grands périls aux capitaux européens qui, sans lui, auraient pu s'engager dans une entreprise ruineuse.

Sa mission remplie au Nicaragua, il visite l'Amérique du Nord et revient en France vers la fin de 1859, après une absence de dix mois, avec une riche moisson d'observations, dont il offre les prémices à l'Académie des sciences par six communications successives.

A voir la rapidité avec laquelle se succédaient toutes ces communications, qui, en vérité, n'étaient que des prises de date, on dirait que leur auteur était agité par la crainte que le temps ne lui manquât pour les développer. Ce triste pressentiment, si tant est qu'il l'ait eu, ne s'est que trop réalisé.

On connaîtra l'importance scientifique de ce dernier voyage le jour où certains documents réservés par de légitimes intérêts de famille seront livrés à la publicité.

Je viens d'esquisser les travaux du voyageur, je vais dire quelques mots des travaux du professeur.

Grande est l'erreur de ceux qui croient qu'un professeur peut dominer son enseignement par une seule idée, qui, sans cesse approfondie et analysée, finirait par dévoiler à la science de nouveaux horizons. La multiplicité des sujets, au contraire, qu'un professeur doit traiter devant un public qui veut du nouveau à tout prix, l'oblige à éparpiller, pour ainsi dire, son activité : c'est ce qui explique le peu d'unité que nous trouverons dans les écrits du professeur.

Je n'aurais pas le temps de faire, ni vous la patience d'écouter, l'analyse d'une vingtaine de mémoires publiés par lui sur différents sujets se rattachant, en quelque sorte, à son enseignement. Je ne pourrais le faire, d'autant plus que plusieurs de ces travaux sont très-étendus, et qu'une courte analyse ne rendrait d'eux qu'un compte fort incomplet.

Cependant je ne puis me taire sur quelques-uns d'entre eux qui me semblent singulièrement propres à mesurer la puissance imaginative de leur auteur.

C'était en 1844. Après une leçon, le professeur est accosté par un étranger (1) qui lui présente un échantillon de blende fibreuse de Pont-Péan, en lui demandant s'il le croyait argentifère : la réponse négative du professeur provoqua une affirmation absolue de l'étranger sur la présence de l'argent dans ce minéral. En ce temps-là, un pareil fait paraissait extraordinaire, et le curieux professeur, non seulement conçut sur-le-champ le projet de le vérifier, mais d'étendre ses recherches à d'autres échantillons de blendes qu'il avait recueillies dans ses voyages, et puis, par cet entraînement si naturel à une jeune imagination, il se demanda pourquoi il ne passerait pas en revue les autres sulfures qui accompagnent le plus souvent les galènes dans leurs gisements. Bref, l'étranger n'était pas encore parti, que notre professeur avait déjà ébauché le plan d'un grand travail.

Cependant, bien qu'entraîné par la fougue du jeune âge, Durocher n'était pas moins très-prudent. Il comprit bientôt que l'exécution de son plan l'absorberait au détriment de ce qui occupait une grande place dans sa vie : la rédaction de ses voyages passés et l'éventualité de voyages futurs. D'ailleurs, il était assez expérimenté pour ne pas ignorer que, dans les sciences d'observation, les recherches de longue haleine avancent avec une lenteur désespérante, si une collaboration intelligente ne vient pas les hâter. Aussi, s'empressa-t-il de s'adjoindre un de ses collègues, le professeur de chimie, dont le nom se trouvera souvent associé au sien, pendant les seize années que la Providence lui laissera encore.

Ce travail dura 6 ans. Pourquoi ? Parce qu'on ne s'arrête pas toujours à son gré quand on descend une pente. Comment n'aurait-on pas cherché à généraliser le fait si inattendu de la présence de l'argent dans des espèces minérales où ce métal n'avait jamais été soupçonné ! Ces longues recherches eurent donc pour résultat de montrer que l'argent est un métal non pas aussi abondant, mais aussi répandu et aussi diffus que le fer, et comme on devait le montrer non seulement là où il y en a sen-

---

(1) M. Hunt, propriétaire des anciens déblais de la mine de Pont-Péan.

siblement, mais encore, et c'était le cas le plus ordinaire, là où il y en a seulement des traces, il fallut trouver des réactifs d'une pureté absolue et des procédés d'une délicatesse extrême : si l'on ajoute que, pour affirmer qu'il y a immanquablement de l'argent dans toutes les familles minérales, il était nécessaire d'analyser des centaines d'espèces, on s'expliquera pourquoi, commencées en 1844, ces recherches ne furent publiées qu'en 1850 (1).

La constatation de la grande diffusion de l'argent dans la nature n'était pas le but unique qu'on poursuivait. Durocher avait reçu une éducation scientifique trop sérieuse pour ne pas comprendre qu'une découverte est d'autant plus appréciée qu'on en voit l'utilité. Les centaines d'analyses durent donc être suivies par des centaines d'essais tendant à éclaircir les circonstances encore obscures des divers procédés d'extraction de l'argent.

Un corollaire découlait de ces découvertes : puisque tous les minéraux, toutes les roches, tout ce qui constitue le sol, en un mot, contiennent de l'argent, l'eau de la mer, les plantes et les animaux doivent en contenir à leur tour. En effet, comment admettre qu'un liquide aussi actif que l'eau de mer puisse baigner un sol argentifère sans lui enlever de l'argent, métal que, pour tout dire, il peut dissoudre? Et puisque la terre arable n'est que de la poussière d'un sol argentifère, est-il possible que les racines n'absorbent pas de ce métal, tandis qu'elles en absorbent tant d'autres? Enfin, si l'on doit trouver de l'argent dans les plantes, pourquoi n'en trouvera-t-on pas dans les animaux? Le règne animal ne vit-il pas aux dépens du règne végétal?

Ce que le raisonnement avait prévu fut confirmé par l'expérience. Lorsqu'on annonça à l'Académie des sciences (2) que, dans dix mille mètres cubes d'eau de l'Océan, on trouve au moins 100 grammes d'argent, il arriva ce qui arrive presque toujours à l'annonce d'une découverte étrange : on commence par dire qu'elle est fausse, et puis, quand il faut l'accepter, on dit qu'elle était déjà connue. Effectivement, les journaux plaisants de la capitale en rirent, les journaux sérieux crurent à une illusion occasionnée par je ne sais quelle prétendue impureté des

(1) Annales des mines, tomes 8 et 9, 4ᵉ série.
(2) Comptes rendus de l'Académie des sciences, t. 29, p. 780 ; Annales de chimie et physique, t. 28, p. 129, série 3ᵉ.

réactifs ; mais lorsque l'argent fut encore trouvé, quelques années plus tard, par Forchamer dans la Baltique, par Field dans le Pacifique, par Tuld dans l'Atlantique américain, et qu'on fut forcé de convenir que les expérimentateurs de Rennes ne s'étaient pas trompés, on se hâta de déterrer une lettre de Proust à la Metherie, vieille de plus de 70 ans, dans laquelle il était dit que si un jour le fond de l'Océan se trouvait à sec, on y verrait de l'*argent corné* (1) réduit à cette forme par l'action que le sel marin aurait exercée sur l'argent arraché par la voracité de la mer à l'industrie de l'homme : de là on concluait que la découverte faite à la Faculté des sciences de Rennes n'était pas nouvelle. On oubliait que l'argent dont parlait Durocher provenait de phénomènes géologiques antérieurs à l'apparition de l'homme, et que la quantité qui est dissoute dans l'eau de la mer est infiniment supérieure à toute celle que les hommes ont pu extraire des entrailles de la terre ; on oubliait encore, et ceci est plus grave, la grande différence entre une réalité et un aperçu vague et hypothétique.

Parmi les travaux remarquables du professeur, je dois citer les expériences *sur la production artificielle des minéraux par voie sèche* (2).

Dès 1849, Durocher avait expliqué théoriquement le remplissage des filons métallifères par le concours de deux sortes d'émanations, l'une *motrice*, contenant des métaux, l'autre *fixatrice*, renfermant un radical destiné à fixer ces métaux. Trois ans plus tard, il confirma cette théorie par des expériences directes, et il fit voir à l'Académie des sciences un grand nombre de beaux échantillons artificiels obtenus par lui-même, et doués de toutes les propriétés cristallographiques, de tous les caractères physiques qu'on trouve dans les mêmes espèces tirées du sein de la terre, et que la nature a préparées par ses procédés mystérieux.

J'ai quelquefois entendu dire par des personnes qui, à la vérité, n'avaient jamais assisté à une seule leçon de notre professeur, que le cours de géologie de la Faculté ne devait pas être laborieux pour celui qui en était chargé.

Cette singulière opinion était fondée sur ce qu'on voyait parfois le professeur sortir d'une voiture publique pour monter, encore poudreux, pour ainsi dire, dans sa chaire et y faire une leçon. Mais ces détracteurs

---

(1) Chlorure d'argent.
(2) Comptes rendus de l'Académie des sciences, t. 32 et 33.

irréfléchis ignoraient que personne autant que Durocher n'avait le talent d'utiliser son temps, et que, même en voyageant, il savait préparer une bonne leçon aussi bien, et peut-être mieux que d'autres, après de longues et tranquilles méditations.

Je ne saurais d'ailleurs mieux combattre cette étrange insinuation qu'en citant les *recherches sur la composition chimique et minéralogique des roches ignées, sur les phénomènes de leur émission et sur leur cristallisation* (1). Elles furent entreprises par lui uniquement pour satisfaire aux exigences de son cours de 1856, où la genèse des roches ignées devait être traitée.

Si le professeur n'avait pas été pénétré de l'importance de sa mission, il se serait traîné dans l'ornière banale où l'on se traîne d'ordinaire quand on parle de ce sujet.

Peu de professeurs ont fait autant d'efforts que lui pour élever et enrichir leur enseignement. Parmi les publications de Durocher, presque toutes celles qui ne se rattachaient pas directement à ses voyages ou à ses fonctions d'ingénieur des mines, n'avaient d'autre objet que l'instruction de ses auditeurs.

Un si grand nombre de travaux, si divers, si savants et parfois si originaux, l'approbation qu'à plusieurs reprises ses voyages avaient obtenue de l'Académie des sciences, attirèrent tellement l'attention de ce corps illustre, que dans l'espace de quarante jours (2), il le fit figurer deux fois parmi les candidats à deux fauteuils vacants dans la section de géologie et de minéralogie.

L'Académie, qui pourtant ne lui donna pas ses suffrages, ne tarda pas à se l'adjoindre, comme membre correspondant pour la même section, en voulant ainsi lui prouver que l'échec du candidat n'avait pas affaibli son estime pour le savant.

Il ne m'appartiendrait pas de parler du zèle et du talent que Durocher a déployés dans ses fonctions d'ingénieur des mines.

Les avancements que lui accorda l'administration; la croix de la Légion-d'Honneur qui lui fut décernée, sur la demande de M. le Ministre des travaux publics, témoignent du prix que l'on attachait à ses services.

---

(1) Annales des mines, t. 11, p. 217, série 5e.
(2) Présentations du 9 mars et du 20 avril 1857.

Je dirai un mot cependant sur des travaux qui prouvent que l'ingénieur était dirigé par le même esprit analytique et généralisateur que le géologue et le professeur.

Les conseils généraux de la Loire-Inférieure et d'Ille-et-Vilaine l'avaient chargé de continuer la carte géologique des deux départements. Mais, pour Durocher, une carte géologique devait être accompagnée d'une carte agronomique, et comme les deux administrations départementales furent plus tard du même avis, l'élaboration simultanée des deux cartes fut définitivement arrêtée.

De ce moment, il apporte un soin particulier à connaître les richesses agricoles de l'Ouest : c'est à lui qu'on doit la découverte de presque tous les dépôts de sablon calcaire que possède notre département. C'est grâce à cette ardeur qu'il entreprend une étude approfondie *des rapports qui existent entre la nature minérale des terrains et leur production végétale* (1).

Par cette étude, il est amené à partager les terres de la Bretagne en cinq classes, dont il détermine les rapports avec les divisions agronomiques; à constater que les landes et les forêts se trouvent, pour la plupart, ou sur les dépôts tertiaires argilo-cailouteux, ou plus encore sur les roches quartzeuses du terrain de transition, mais presque jamais sur les terrains calcaires ; à distinguer plusieurs zones nettement caractérisées sous le point de vue géognostique et agronomique ; à faire connaître les variations qui ont lieu dans les cultures, et qui dépendent de la nature des terrains ; enfin, à exposer les caractères de la flore des sols calcaires comparée à celle des terrains dépourvus de carbonate de chaux. Ce travail suffirait à donner de la renommée à un géologue agronome.

Et que vous dirai-je, Messieurs, de cette multitude d'observations faites par lui pendant trois ans, sur les températures de la terre végétale comparées à celles de l'air et sur les propriétés thermiques des sols de compositions différentes ? Il n'en reste qu'un résumé présenté à l'Académie en 1854.

Est-ce une main jalouse ou infidèle qui a soustrait à la vigilance de la famille ces milliers de données numériques par lesquelles on montrait que la chaleur envoyée par le soleil vers notre globe se concentre providentiellement dans cette couche où se ramifient les radicelles des plantes ?

Que sont devenus les documents qui faisaient connaître l'influence

---

(1) Bulletin de la Société géologique, 2e série, t. VI, p. 34.

qu'exercent sur les propriétés thermiques des sols leur composition chimique, leurs caractères minéralogiques, leur exposition et la présence du gazon ?

Modeste collaborateur de ce long et patient travail, je ne puis que déplorer avec les amis des sciences agricoles une si grande perte.

Ceux qui n'étaient pas initiés à ses projets se feront difficilement une idée de l'importance que Durocher attachait à l'élaboration de la carte agronomique qu'il ne devait pas plus achever que la carte géologique. Pas un coin de terre, pas un cours d'eau n'aurait échappé à son examen attentif. Les analyses de cent quinze cendres qu'il fit avec l'assistance d'un de ses collègues, en vue de connaître la répartition des éléments inorganiques dans les principales familles du règne végétal, en sont déjà une preuve évidente (1). Car les conséquences de ce travail ne pouvaient se développer qu'à la suite de l'analyse des sols où avaient végété les plantes d'où provenaient les cendres; et comment connaître à fond un sol, si l'on ignore la nature des eaux qui le baignent ? Voilà, Messieurs, ce qu'il voulait faire pour l'agriculture de la Bretagne.

Mais il était écrit là-haut que le 2 décembre 1860, la mort devait anéantir tous ces beaux et utiles projets.

---

(1) Annales de chimie et de physique, feuille 54, 3º série.

Oberthur, à Rennes, impr. de l'Académie.

www.ingramcontent.com/pod-product-compliance
Lightning Source LLC
Chambersburg PA
CBHW070536050426
42451CB00013B/3033